橋底老虎

作者 / 趙婉慧　　繪者 / 黃慧彤

作者粵語朗讀
QR CODE 音檔

我係一隻住喺天橋底嘅老虎。其實，我本來唔係住呢度。
ngo⁵ hai⁶ jat¹ zek³ zyu⁶ hai² tin¹ kiu⁴ dai² ge³ lou⁵ fu² kei⁴ sat⁶ ngo⁵ bun² loi⁴ m⁴ hai⁶ zyu⁶ ni¹ dou⁶

好耐好耐之前，我喺山林散步，行吓行吓，就蕩失咗路。
hou² noi⁶ hou² noi⁶ zi¹ cin⁴ ngo⁵ hai² saan¹ lam⁴ saan³ bou⁶ haang⁴ haa² haang⁴ haa² zau⁶ dong⁶ sat¹ zo² lou⁶

我行咗好多年，都搵唔到返屋企條路。
ngo⁵ haang⁴ zo² hou² do¹ nin⁴ dou¹ wan² m⁴ dou² faan¹ uk¹ kei² tiu⁴ lou⁶

終於，有一日，我喺呢條橋底，遇到一個女仔。
zung¹jyu¹　　jau⁵ jat¹ jat⁶　　ngo⁵ hai² ni¹ tiu⁴ kiu⁴ dai²　　jyu⁶ dou² jat¹ go³ neoi⁵ zai²

佢將我執起，放我喺檔口，見人就講：
keoi⁵zoeng¹ngo⁵zap¹hei²　　fong³ngo⁵hai² dong³ hau²　　gin³ jan⁴ zau⁶ gong²

「呢隻老虎係我鎮檔之寶。」
ni¹ zek³ lou⁵ fu² hai⁶ ngo⁵ zan³dong³ zi¹ bou²

喺檔口，仲有一排紙老虎同埋一堆小紙人。
hai² dong³ hau²　　zung⁶ jau⁵ jat¹ paai⁴ zi² lou⁵ fu² tung⁴ maai⁴ jat¹ deoi¹ siu² zi² jan⁴

佢哋喺天橋底嘅時間好短，啲人一嚟，佢哋就會化成灰。
keoi⁵ dei² hai² tin¹ kiu⁴ dai² ge³ si⁴ gaan¹ hou² dyun²　　di¹ jan⁴ jat¹ lei⁴　　keoi⁵ dei² zau⁶ wui² faa³ sing⁴ fui¹

啲灰飄上天，變成一粒一粒小星星。
di¹ fui¹ piu¹ soeng⁵ tin¹　　bin³ sing⁴ jat¹ lap¹ jat¹ lap¹ siu² sing¹ sing¹

每一日，我都會同小紙人紙老虎講故事：
mui⁵ jat¹ jat⁶　　ngo⁵ dou¹ wui² tung⁴ siu² zi² jan⁴ zi² lou⁵ fu² gong² gu³ si⁶

好耐之前，喺呢一個小漁港嘅呢一帶地方，
hou² noi⁶ zi¹ cin⁴　　hai¹ ni¹ jat¹ go³ siu² jyu⁴ gong² ge³ ni¹ jat¹ daai³ dei⁶ fong¹

只有一片一片嘅水稻田，一間二間小屋錯落田間。
zi² jau⁵ jat¹ pin³ jat¹ pin³ ge³ seoi² dou⁶ tin⁴　　jat¹ gaan¹ ji⁶ gaan¹ siu² uk¹　co³ lok⁶ tin⁴ gaan¹

無幾遠，有兩座山，望出去，就係個海。
mou⁴ gei² jyun⁵　　jau⁵ loeng⁵zo⁶saan¹　　mong⁶ceot¹heoi³　　zau⁶ hai⁶ go³ hoi²

「嘩！聽落好似好靚咁。」
waa¹　　teng³ lok⁶ hou² ci⁵ hou² leng³ gam²
小紙人好興奮咁叫。
siu² zi² jan⁴ hou²hing¹fan⁵ gam² giu³

的確好靚 。
dik¹ kok³ hou² leng³

後嚟，小漁港旁邊嘅地方發生戰亂，一班又一班嘅人陸續湧入嚟。
hau⁶ lei⁴ siu² jyu⁴gong²pong⁴ bin¹ ge³ dei⁶ fong¹faat³sang¹zin³lyun⁶ jat¹ baan¹jau⁶ jat¹ baan¹ge³ jan⁴ luk⁶ zuk⁶ jung²jap⁶ lei⁴

人愈嚟愈多，土地開始唔夠用。
jan⁴ jyut⁶ lei⁴ jyut⁶ do¹ tou² dei⁶ hoi¹ ci² m⁴ gau³ jung⁶

呢度係山上溪水流入大海嘅出口處，溪水匯聚成河澗，彎彎曲曲，望落好似鵝頸咁。

ni¹ dou⁶ hai⁶ saan¹ soeng⁶ kai¹ seoi²lau⁴ jap⁶ daai⁶ hoi² ge³ ceot¹ hau² cyu³　　kai¹ seoi² wui⁶ zeoi⁶ sing⁴ ho⁴ gaan³　　waan¹ waan¹ kuk¹ kuk¹　　mong⁶ lok⁶ hou² ci⁵ ngo⁴ geng² gam²

當時嘅人為咗利用呢片土地，將鵝頸澗修為運河，運河兩邊嘅濕地就被填平嚟興建城市。
dong¹ si⁴ ge³ jan⁴ wai⁴ zo² lei⁵ jung⁶ ni¹ pin³ tou² dei⁶　zoeng¹ngo⁴geng²gaan³sau¹wai⁴wan⁶ho⁴　wan⁶ ho⁴ loeng⁵ bin¹ ge³ sap¹ dei⁶ zau⁶ bei⁶ tin⁴ping⁴ lei⁴ hing¹ gin³ sing⁴ si⁵

唔單止有河，仲有條木板橋。
m⁴ daan¹ zi² jau⁵ ho⁴　zung⁶ jau⁵ tiu⁴ muk⁶baan²kiu⁴

無幾耐，呢度附近起咗電車廠，電車仲會駛過已經加鋪石屎嘅小橋。
mou⁴ gei² noi⁶　ni¹ dou⁶ fu⁶ gan⁶ hei² zo² din⁶ ce¹ cong²　din⁶ ce¹ zung⁶ wui⁵ sai² gwo³ ji⁵ ging¹gaa¹pou¹ sek⁶ si² ge³ siu² kiu⁴

河兩邊石牆外，種咗兩排榕樹，景色優美，鵝澗榕蔭，成為當時香港八景之一。
ho⁴ loeng⁵bin¹sek⁶coeng⁴ngoi⁶　zung³ zo² loeng⁵paai⁴jung⁴syu⁶　ging² sik¹ jau¹ mei⁵　ngo⁴gaan³jung⁴jam³　sing⁴ wai⁴dong¹si⁴ hoeng¹gong²baat³ging²zi¹jat¹

我行到好劫嘅時候，就坐喺榕樹下面，望住啲人喺河邊垂釣。
ngo⁵haang⁴dou³hou²gui⁶ ge³ si⁴ hau⁶　zau⁶ co⁵ hai² jung⁴syu⁶ haa⁶ min⁶　mong⁶zyu⁶ di¹ jan⁴ hai² ho⁴ bin¹ seoi⁴diu³

到咗呢個時候，小漁港唔經唔覺變身成為一座好有生命力嘅小城。
dou³ zo² ni¹ go³ si⁴ hau⁶ siu² jyu⁴ gong² m⁴ ging¹ m⁴ gok³ bin³ san¹ sing⁴ wai⁴ jat¹ zo⁶ hou² jau⁵ sang¹ ming⁶ lik⁶ ge³ siu² sing⁴

「條橋係咪就係鵝頸橋呀？」小紙人問。
tiu⁴ kiu⁴ hai⁶ mai⁶ zau⁶ hai⁶ ngo⁴geng²kiu⁴ aa³　　　siu² zi² jan⁴ man⁶

紙老虎對條河念念不忘，追問：「到底條河去咗邊？」
zi² lou⁵ fu² deoi³ tiu⁴ ho⁴ nim⁶ nim⁶ bat¹ mong⁴　zeoi¹ man⁶　　dou³ dai² tiu⁴ ho⁴ heoi³ zo² bin¹

小城繼續發展，又經歷移山填海，起隧道、築馬路；運河就咁畀石屎掩蓋。
siu² sing⁴ gai³ zuk⁶ faat³ zin²　jau⁶ ging¹ lik⁶ ji⁴ saan¹ tin⁴ hoi²　hei² seoi⁶ dou⁶　zuk¹ maa⁵ lou⁶　wan⁶ ho⁴ zau⁶ gam² bei² sek⁶ si² jim² koi³

細心聽，你哋可能會聽到地底嘅流水聲。
sai³ sam¹ teng¹　nei⁵ dei⁶ ho² nang⁴ wui² teng³ dou³ dei⁶ dai² ge³ lau⁴ seoi² seng¹

其實鵝頸澗一直無消失，佢變成咗地下水道。
kei⁴ sat⁶ ngo⁴ geng² gaan³ jat¹ zik⁶ mou⁴ siu¹ sat¹　keoi⁵ bin³ sing⁴ zo² dei⁶ haa⁶ seoi² dou⁶

「真嘅？」小紙人側耳傾聽。
zan¹ ge²　siu² zi² jan⁴ zak¹ ji⁵ king¹ ting³

但係，佢只係聽到 嘈雜嘅人聲車聲
daan⁶ hai⁶　keoi⁵ zi² hai⁶ teng¹ dou³　cou⁴ zaap⁶ ge³ jan⁴ seng¹ ce¹ seng¹

呢個時候，一個愁眉苦臉嘅人走去檔口。
ni¹ go³ si⁴ hau⁶　jat¹ go³ sau⁴ mei⁴ fu² lim⁵ ge³ jan⁴ zau² heoi³ dong³ hau²

當日執起我嘅女仔，已經變成一個婆婆。
dong¹ jat⁶ zap¹ hei² ngo⁵ ge³ neoi⁵ zai²　ji⁵ ging¹ bin³ sing⁴ jat¹ go³ po⁴ po²

小紙人催促我：「你快啲講埋落去啦，我時日無多喇！」
siu² zi² jan⁴ ceoi¹ cuk¹ ngo⁵　nei⁵ faai³ di¹ gong² maai⁴ lok⁶ heoi³ laa¹　ngo⁵ si⁴ jat⁶ mou⁴ do¹ laa³

石屎地下有運河，不過本來嘅鵝頸橋已經消失。喺填平嘅土地上，
sek⁶ si² dei⁶ haa⁶ jau⁵ wan⁶ ho⁴　　bat¹gwo³bun² loi⁴ ge³ ngo⁴geng²kiu⁴ ji⁵ ging¹siu¹ sat¹　　hai² tin⁴ ping⁴ ge³ tou² dei⁶ soeng⁶

啲人又起咗新嘅行車天橋，條橋一再加長加闊。
di¹　jan⁴ jau⁶ hei² zo² san¹ ge³ hang⁴ ce¹ tin¹ kiu⁴　　tiu⁴ kiu⁴ jat¹ zoi³ gaa¹coeng⁴gaa¹fut³

橋下三叉路口，人來人往，又有瓦遮頭。
kiu⁴ haa⁶saam¹caa¹ lou⁶ hau²　　jan⁴ loi⁴ jan⁴ wong⁵　　jau⁶ jau⁵ngaa⁵ ze¹ tau⁴

眼前呢位婆婆，當時只係一個八、九歲嘅女仔，日日跟住佢婆婆，嚟呢度開檔。

ngaan⁵cin⁴ ni¹ wai² po⁴ po²　　dong¹ si⁴ zi² hai⁶ jat¹ go³ baat³　　gau² seoi³ ge³ neoi⁵ zai²　　jat⁶ jat⁶ gan¹ zyu⁶keoi⁵ po⁴ po²　　lei⁴ ni¹ dou⁶ hoi¹ dong³

「原來婆婆個婆婆都係打小人嘅。」 提起婆婆，小紙人一啲都唔嬲。
jyun⁴ loi⁴ po⁴ po² go³ po⁴ po² dou¹ hai⁶ daa² siu² jan⁴ ge²　　tai⁴ hei² po⁴ po²　siu² zi² jan⁴ jat¹ di¹ dou¹ m⁴ nau¹。

對佢嚟講，每個人都有唔同嘅位置；
deoi³ keoi⁵ lei⁴ gong²　mui⁵ go³ jan⁴ dou¹ jau⁵ m⁴ tung⁴ ge³ wai⁶ zi³
每個人都有唔一樣嘅人生任務。
mui⁵ go³ jan⁴ dou¹ jau⁵ m⁴ jat¹ joeng⁶ ge³ jan⁴ sang¹ jam⁶ mou⁶

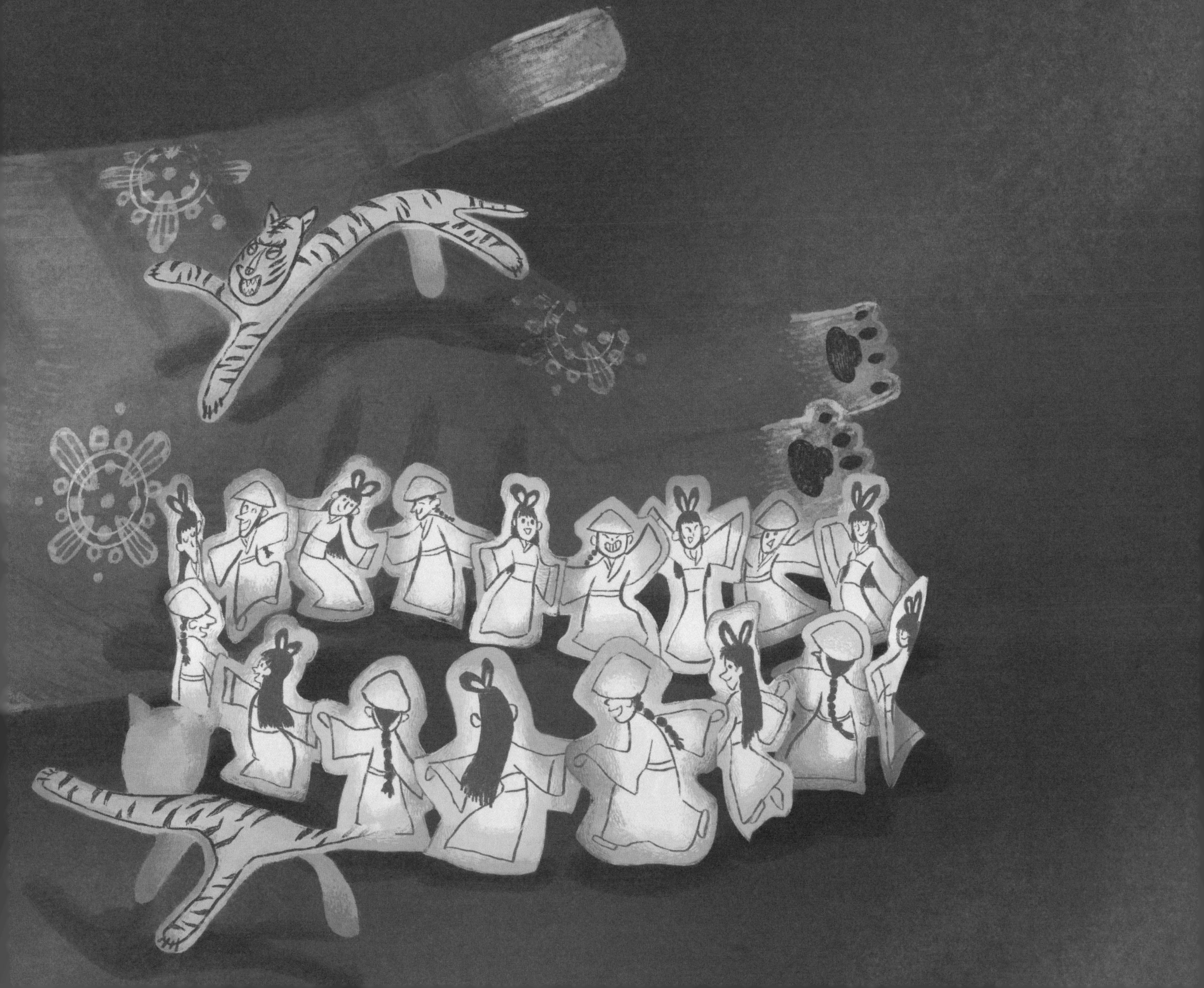

雖然佢生命短促，但係佢安然接受。
seoi¹ jin⁴ keoi⁵ sang¹ ming⁶ dyun² cuk¹　daan⁶ hai⁶ keoi⁵ on¹ jin⁴ zip³ sau⁶

佢知道自己化成灰以後，
keoi⁵ zi¹ dou⁶ zi⁶ gei² faa³ sing⁴ fui¹ ji⁵ hau⁶

會跟其他小紙人嘅灰燼變成近似永恆嘅星星。
wui⁵ gan¹ kei⁴ taa¹ siu² zi² jan⁴ ge³ fui¹ zeon⁶ bin³ sing⁴ gan⁶ ci⁵ wing⁵ hang⁴ ge³ sing¹ sing¹

再見。
zoi³　gin³

或者我哋會喺天上再相見。
waak⁶ ze² ngo⁵ dei² wui⁵ hai² tin¹ soeng⁶ zoi³ soeng¹ gin³

嗰個女仔當時見到我，好開心。
go² go³ neoi⁵ zai² dong¹ si⁴ gin³ dou³ ngo⁵ hou² hoi¹ sam¹

佢婆婆話佢知，我係百獸之王，
keoi⁵ po⁴ po² waa⁶ keoi⁵ zi¹ ngo⁵ hai⁶ baak³ sau³ zi¹ wong⁴
所有動物都要聽我命令。
so² jau⁵ dung⁶ mat⁶ dou¹ jiu³ teng¹ ngo⁵ ming⁶ ling⁶

但係佢婆婆又話我係是非之神，會出口咬人。
daan⁶ hai⁶ keoi⁵ po⁴ po² jau⁶ waa⁶ ngo⁵ hai⁶ si⁶ fei¹ zi¹ san⁴ wui⁵ ceot¹ hau² ngaau⁵ jan⁴

當時我污糟邋遢，但個女仔一啲都無嫌棄我，將我洗乾淨。

dong¹ si⁴ ngo⁵ wu¹ zou¹ laat⁶ taat³　daan⁶ go³ neoi⁵ zai² jat¹ di¹ dou¹ mou⁵ jim⁴ hei³ ngo⁵　zoeng¹ ngo⁵ sai² gon¹zeng⁶

好耐好耐以前，我好威風：動物都怕我，人類都要向我跪拜。
hou² noi⁶ hou² noi⁶ ji⁵ cin⁴　　ngo⁵ hou² wai¹ fung¹　　dung⁶ mat⁶ dou¹ paa³ ngo⁵　　jan⁴ leoi⁶ dou¹ jiu³ hoeng³ngo⁵gwai⁶baai³

春天嘅時候，萬物復甦，農夫眼中嘅害蟲畀春雷驚醒。
ceon¹ tin¹ ge³ si⁴ hau⁶　　maan⁶ mat⁶ fuk⁶ sou¹　　nung⁴ fu¹ ngaan⁵zung¹ge³ hoi⁶ cung⁴ bei²ceon¹leoi⁴ging¹sing²

為咗除去害蟲，農民向天神求助。我去到人世間，見咗好多風光。
wai⁶ zo² ceoi⁴ heoi³hoi³cung⁴　　nung⁴man⁴hoeng³tin¹san¹kau⁴ zo⁶　　ngo⁵ heoi³dou³jan⁴ sai³ gaan¹　　gin³ zo² hou² do¹ fung¹gwong¹

我離開我嘅山林，行咗好多路，走到嚟呢座小城，住咗喺呢條橋底。
ngo5 lei4 hoi1 ngo5 ge3 saan1lam4   haang4 zo2 hou2 do1 lou6   zau2 dou3 lei4 ni1 zo6 siu2 sing4   zyu6 zo2 hai2 ni1 tiu4 kiu4 dai2

我望住啲小紙人紙老虎化成灰變成星。
ngo⁵mong⁶zyu⁶di¹ siu² zi² jan⁴ zi² lou⁵ fu² faa³ sing⁴ fui¹ bin³ sing⁴ sing¹

我望住小城變化，人臉改變。
ngo⁵mong⁶zyu⁶siu²sing⁴ bin³ faa³　　jan⁴ lim⁵ goi² bin³

我望住嗰個女仔變成婆婆，但係佢仍然係一個女仔。
ngo⁵mong⁶zyu⁶go² go³ neoi⁵ zai² bin³ sing⁴ po⁴ po²　　daan⁶ hai⁶ keoi⁵jing⁴ jin⁴ hai⁶ jat¹ go³ neoi⁵ zai²

呢度就係我屋企。
ni¹ dou⁶ zau⁶ hai⁶ ngo⁵ uk¹ kei²

橋底老虎 華文版本

p.2 我是一隻住在天橋下的老虎。 其實， 我本來並不住在這裡。
好久好久以前， 我在山林散步， 走著走著， 就迷路了。
好多年以後， 我仍然找不到回家的路。

p.3 終於， 有一天， 我在這天橋下， 遇到一個女孩子。
她把我拾起， 每天將我放在攤位上， 逢人便說： 「這隻老虎是我的鎮店之寶。 」

p.4 在攤位裡， 還有一排紙老虎和一堆小紙人。
他們在天橋下的時間非常短暫， 客人一來， 他們便會化成灰。
灰飄上天， 變成一粒一粒小星星。

p.5 每一天， 我都跟小紙人和紙老虎講故事：
好久以前， 在這一個小漁港的這一帶地方， 只有一片一片水稻田，
一間兩間小屋錯落田間。
不遠處， 有兩座山， 遠望過去， 是一片海。
「哇！ 聽起來優美極了。 」
小紙人很興奮的叫起來。

p.6 的確非常優美。

p.7 後來，小漁港附近發生戰亂，人潮陸續湧進來。
人愈來愈多，土地開始不敷使用。

p.8 這裡是山上溪水流入大海的出口處，溪水匯聚成河澗，彎彎曲曲，
看起來像一條鵝頸。

p.9 當時人們為了利用這片土地，將鵝頸澗修為運河，運河兩邊的溼地
就被填平以興建城市。
紙老虎一聲虎嘯：「嗷！在這裡，有一條河流？」

p.10 不單只有河流，在這裡，還有一條木板橋。
不久，這附近興建了一間電車廠，電車還會駛過已經加鋪混凝土的
小橋。

p.11 運河兩邊的石牆外，種了兩排榕樹，景色優美，鵝澗榕蔭，成為當
時香港八景之一。
我走路走得很累的時候，就坐在榕樹下，看著人們在河邊垂釣。

p.12 這時候，小漁港已不知不覺變身成為一座富有生命力的小城。

p.13 「小橋就是鵝頸橋吧？」小紙人問。
紙老虎對小河念念不忘，追問：「小河到底哪裡去了？」

p.14　小城繼續發展， 又經歷移山填海， 建隧道、 築馬路； 運河就這樣被混凝土掩蓋。

p.15　仔細聽， 你們或許還可以聽到地底下的流水聲。
其實鵝頸澗一直沒有消失， 流澗變成地下水道。
「眞的嗎？ 」 小紙人側耳傾聽。
但是， 她只聽到嘈雜的人聲和車聲。

p.16　這時候， 一個愁眉苦臉的人走到攤位前。
那天把我撿起的女孩子， 已經變成一位老婆婆。
小紙人催促我： 「 你快點將故事說完吧， 我時日無多了！ 」

p.17　混凝土地下有運河， 不過本來的鵝頸橋已經消失。 在填平的土地上， 人們又建起新的行車天橋， 這橋一再加長加寬。
橋下的三叉路口人來人往， 還能遮風擋雨。

p.18　眼前這位婆婆， 當時只是一個八、 九歲的小女孩， 每天跟著她的祖母， 來到這裡擺攤。

p.19　「 原來婆婆的祖母也是從事打小人的。 」 提起婆婆， 小紙人一點也不生氣。
對她來說， 每個人都有不同的位置； 每個人都有不一樣的人生任務。

p.22 雖然她的生命短促，但是，她安然接受。
她知道自己化成灰以後，會跟其他小紙人的灰燼變成近似永恆的星星。

p.23 再見。
或者我們會在天上再相見。

p.24 那個小女孩當時看見我，很高興。
她祖母告訴她，我是百獸之王，所有動物都要聽我命令。
但是，祖母又說我乃是非之神，會出口咬人。

p.25 當時我骯髒無比，但女孩子一點都沒有嫌棄，把我洗擦乾淨。

p.26 很久很久以前，我很威武：動物都懼怕我，人類都要向我跪拜。
春天的時候，萬物復甦，農夫眼中的害蟲被春雷驚醒。
為了除去害蟲，農民向天神求助。我走到人世間，看見了許多風光。

p.27 我離開我的山林，走了好多路，走進這小城，住到這橋下。

p.28 我望著小紙人和紙老虎化成灰、變成星。
我望著小城變化，人臉改變。
我望著女孩子變成老婆婆，但是，她仍然是一位女孩子。

p.29 這就是我的家。

打小人的由來?

打小人由來於驚蟄 (音:窒,zat6)。

什麼是驚蟄?

驚蟄是中華傳統曆法中二十四節氣之一。

什麼是二十四節氣?

二十四節氣流傳幾千年,是古人根據親身體驗及天文觀察得出的一套規則。這套規則有助預測氣候變化,對農務和漁業非常有用。

科學與天文告訴我們,地球圍繞著太陽公轉而有四季變遷。但是,地心說 (即地球乃宇宙中心的說法) 在以前卻是猶如真理的信念。人類由地球望向天空,看到的是太陽在天球運轉的軌跡。

天球是一個假想的天文球體,它跟地球有相同的自轉軸和球心,只是半徑無限大,是一個包圍著地球的大球體。古時人類觀察太陽在天球運轉,稱太陽在天球運行的軌跡為黃道,並將太陽運轉一周的360° 平分為二十四等份,即每份15°(360°÷ 24 = 15°)。每一等份就是一個節氣。當太陽運轉到黃經345°時,地球就踏進驚蟄節氣。

不過,要記住,這二十四節氣是古時居於黃河流域一帶的人類,根據當地氣候的變更及天氣的改變而定,所以二十四節氣只適合應用於這地域及附近的地方。你應該知道,地球南北半球在同一日可以是完全相反的季節吧。

立春　雨水　驚蟄　春分
清明　穀雨　立夏　小滿
芒種　夏至　小暑　大暑
立秋　處暑　白露　秋分
寒露　霜降　立冬　小雪
大雪　冬至　小寒　大寒

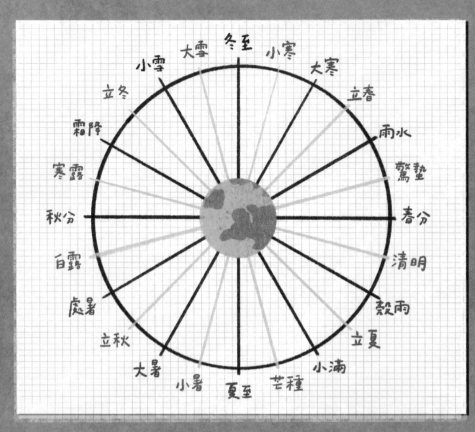

小人跟驚蟄有什麼關係？

驚蟄之時會有春雷作響，雷聲令百物甦醒，預示一年豐收，卻又驚醒了冬眠中的昆蟲 。務農社會很怕昆蟲遺禍，影響收成，見之欲置其於死地。當時人類除了親手拍死害蟲，亦會請求神明幫助和保佑。

隨著社會經濟轉型，現代人從事各種不同的經濟活動，不再視昆蟲為大患如往昔，而害蟲就搖身一變成為現代人工作、學業及生活上遇到的「小人」。

「小人」，就是指人格卑劣、陷害他人的人。

那麼，老虎又跟驚蟄有什麼關係呢？

老虎是百獸之王，民間寄願老虎制服害蟲。不過，老虎兇猛，除了能治昆蟲及動物，也可以將人類咬傷咬死。所以一般民間風俗亦視白虎為口舌之神。因此之故，神婆在打小人的時候，會祭祀白虎（以黃色紙老虎代替），將肥豬肉塗在白虎嘴巴，令其傷人不得。

現在，驚蟄打小人祭白虎的儀式，已成為香港非物質文化遺產之一。

打小人祭白虎的儀式到底是怎麼樣？
···

如果你希望趕走衰氣，打退生活中碰見的敵人，或者宣洩一下心中的鬱悶，你可以到鵝頸橋尋找神婆的幫忙。這是神婆提供的收費服務，也是一種民間信仰的儀式。

神婆就是指替人進行打小人儀式的「打手」。由於在鵝頸橋下進行這儀式的多數是年紀稍長的女士，所以人們就稱呼她們為神婆。

神婆首先會向你查問一些個人資料以及欲拍打的「小人」名字。

然後，神婆或者你會將小人的名字寫在小人紙上。

接著，神婆將小人紙放在磚頭上，再用舊鞋大力拍打小人紙，邊打邊唸口訣，直至小人紙被打得破爛。

神婆拿著被打得破爛的小人紙加上黃色紙老虎，在一塊沾著豬血的生豬肉上繞一圈，然後將小人紙和紙老虎都一同丟進火爐。

然後神婆將白米及綠豆撒向紙老虎堆中。

最後就是擲聖杯。

擲杯意義

聖杯
一正一反是聖杯/允杯，
表示神明說好。

陰杯
全部都反面是陰杯，
表示神明說不行。

笑杯
全部正面是笑杯，
表示神明笑而不答，
或是問題可能沒問清楚。

擲聖杯要兩片月形木片正反不同，表示神明應允祈求，打小人的儀式才算完成。若果木片兩面相同，就要再擲。連擲三次都是兩面相同，神婆就要火燒紙老虎，並重複整個打小人的儀式。

打小人的口訣是什麼？

坊間打小人的口訣其實有不少，
都是對「小人」的咒詛，句子押韻抵死，
有的甚至被翻譯成英文。

以下一首可供參考：

打你個小人頭，打到你有氣無埞唞。

打你對小人眼，打到你考試零雞蛋。

打你對小人耳，打到你成世無大志。

打你個小人口，打到你成日係咁嘔。

打你條小人脷，打到你食嘢唔知味。

打你個小人肝，打到你出街無心安。

打你條小人腸，打到你放屁特別響。

打你對小人腳，打到你有鞋唔識著。

打小人真的會令對方一世行衰運？

打小人是一種民間習俗，歷史源遠流長，儀式得以保存下來，一定有原因。很多人去打小人，其實沒有指定的對象，只求趕走不順心的事情或際遇。就算是有特定的對象，也不會是真的希望對方周身病痛，一世行衰運。打小人的過程給人們一個宣洩的機會，將心中的怨恨發洩出來，心靈得到一種安慰之後，就能繼續走人生的路，好好過日子。

鵝頸橋的前世今生

1842年起，位於亞洲版圖上今日中國的清帝國，因戰敗而跟當時英國簽訂不同的條約，先後割讓香港島、九龍半島及租借新界。當時香港是一個人煙稀少的小漁港。英政府統治香港以後，大興土木，吸引一批為尋工作而由中國南來的華人。中國政局動盪，人民生活艱苦，南來的華人愈來愈多。

1854年，約翰寶靈 (John Bowring) 出任香港第四任港督。

1856年，寶靈為解決土地不足的問題，有意推行大規模的「寶靈填海計劃」，倡議填平中環對出海岸，但因當時海岸地權已賣，地主擔心填海會影響他們的航運生意，所以大力反對在中環填海。寶靈無奈之下，選了維多利亞城外市郊的鵝頸進行填海工程。

鵝頸位於灣仔和東角 (即今銅鑼灣) 之間，乃黃泥涌出海口。不遠處就是聶高信山和渣甸山。山上的溪水，匯聚成河澗，經鵝頸流出維多利亞港。當時的農夫順應低窪地勢，在鵝頸開墾了一塊塊水稻田。但沼澤潮濕，蚊蟲滋生，環境衛生惡劣。填平鵝頸既可增加可建蓋樓房的土地，亦可改善該區衛生情況，一舉兩得。

填海工程包括將鵝頸澗擴闊並加高兩邊堤岸，建成「寶靈頓運河」，而寶靈頓運河東西兩岸的道路就是「堅拿道東 (Canal Road East)」及「堅拿道西 (Canal Road West)」。

1861年，為了方便人民來往兩岸，政府在河上加了木板橋「寶靈橋」，民間稱為「鵝頸橋」，而運河旁新填的土地「寶靈城」亦於1860年代後期完成。

1904年，電車公司在鵝頸橋不遠處的羅素街設廠。鵝頸橋被擴闊，有電車在其上行走。

1922-1929年間，灣仔進行填海工程，建成軒尼詩道。為疏通新填地區的地下渠道，部分寶靈運河被填平，變成地下暗渠。部分運河則被收窄成為明渠。

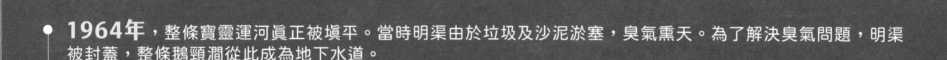

1964年，整條寶靈運河真正被填平。當時明渠由於垃圾及沙泥淤塞，臭氣熏天。為了解決臭氣問題，明渠被封蓋，整條鵝頸澗從此成為地下水道。

1972年，香港政府在被填平的鵝頸澗上建成堅拿道天橋 (Canal Road Flyover)。最初的堅拿道天橋其實是兩條平行而分開的行車天橋。

1976年，為配合香港仔隧道的通車，堅拿道天橋展開延長工程。及後，兩條堅拿道天橋被擴闊，中間分開的地方被連接起來，變成現時四線通車的行車天橋。而現今打小人的地方，就是以前鵝頸澗填平以後建蓋的街市廁所位置。街市隨後消失，昔日的廁所位置變成打小人的最有利位置。

清國末年，外憂內患，不少廣東人南下到香港，而廣東的習俗，也因此被帶到這人煙稀少的小漁村，其中包括打小人的儀式。

打小人的儀式初期主要在上環的太平山街進行，後來慢慢向東移到寶靈頓運河邊。民間傳統認為橋底、三叉路口以及山邊，乃陰邪之氣最重的地方。現今鵝頸橋位置正好處於三叉路口，天橋底又為一班從事打小人的婦女提供一個避風躲雨的有瓦遮頭處。於是，各專業小人打手就從二十世紀六、七十年代開始，聚集橋底大戰邪靈。

現在，驚蟄打小人祭白虎的節慶，已成為香港非物質文化遺產之一。

導讀（一）

打小人是一種祈福的儀式

徐振邦 香港歷史文化研究專家

每年驚蟄（一般是西曆 3 月 5 日或 6 日）都有許多人在街邊打小人，其中，以灣仔鵝頸橋橋底最為有名，成為了打小人勝地。如果時間許可，每逢驚蟄日，我都會去鵝頸橋逛逛，感受一下這種本土文化。

為什麼要在驚蟄打小人？這大概是現代人抒發情緒的方法。在二十四節氣中，排行第三的驚蟄，原來的意思是指天氣回暖，雨水增加，上天還會打響第一個春雷，驚醒蟄伏於地下冬眠的昆蟲。由於古代農民擔心在驚蟄後，有蛇蟲鼠蟻破壞農作物，所以農夫要用鞋拍打昆蟲。此外，他們又相信，白虎能夠驅邪及驅趕百害，只要在「驚蟄」當日拜祭白虎，就能夠讓白虎鎮壓害蟲，以防災難發生；而古人將白虎鎮壓害蟲的觀念衍變成白虎能鎮壓害蟲和小人，希望借助白虎的威力，讓一眾品格卑劣的小人不敢再加害自己，故在祭白虎時打小人，於是，祭白虎和打小人兩個不同的概念，漸漸連在一起，成為了驚蟄打小人的民間習俗。

有人認為，打小人是惡毒的詛咒，是不要得的行為。其實，打小人，並不一定要指名道姓，詛咒別人。所謂打小人，泛指有人遇上了麻煩事，猶如小人纏身，藉著打小人來趕走「衰氣」，祈求平安。

因此，打小人是一種祈福的儀式，不是用來對付別人的。除非打小人的人，提出特別的要求，否則，執行打小人的婆婆，口中唸唸有詞，但不會提及小人名字，也不會以惡毒的說話來咒罵對方。許多時候，婆婆所說的內容，只是保護打小人的人，為他化解怨恨而已。有時，婆婆所提及的內容，還有祝願打小人的人，平安大吉、一帆風順、生活美滿，讓他的心靈得到安慰。

當然，或許真的有人會利用打小人來對付自己不喜歡的人，象徵性把對方打得半死。然而，究竟打小人是否真的有這種神力，很難說得準，在我看來，大概能滿足打小人的人的心理，讓他們宣洩心中的鬱結。

以前，鵝頸橋橋底的位置，較為昏暗，加上人多車多，打小人的聲音又此起彼落，往往予人有不太舒適的感覺。為了改善這個特色空間，香港政府已於 2010 年為橋底進行翻新改善工程，拆卸了天橋休憩處，重鋪地面，加設欄杆、護土牆及矮牆；而最重要的，是在橋底的天橋柱畫上了二十四節氣的剪紙圖案，以配合驚蟄打小人的獨特環境。美化後的鵝頸橋橋底，更具特色，更有吸引力，展現出香港文化獨特的一面。

鵝頸橋橋底因打小人而打出名堂，成為香港一個特色景點，你有興趣在驚蟄日，跟我一起去灣仔鵝頸橋橋底，感受一下打小人的氣氛嗎？

除了實地考察外，透過閱讀也可以領略相關文化。這本《橋底老虎》以繪本的形式，介紹香港打小人文化，相當有趣味。作者趙婉慧以生動的內容和淺白的文字，配上畫師黃慧彤那可愛活潑的筆法，正恰如其分，娓娓道出打小人的故事。

坊間缺乏這類繪本著作，《橋底老虎》的出版，正填補了空缺，為學生提供優質的課外讀物。

我很喜歡這本《橋底老虎》，亦希望可以推介給老師、家長和學生，一起閱讀香港的神話傳說。

2024 年 2 月 19 日
農曆年初十

用粵語傳承香港文化

劉擇明 香港教育大學語言學及現代語言系助理教授

收到 Peg（趙婉慧）嘅電郵，得知佢將會出版以傳統節日做主題嘅粵文故事書，我感到好欣慰。

我最欣賞嘅係故事題材。《橋底老虎》係用驚蟄同打小人為題嘅兒童故事。呢度示範咗點樣可以將地區嘅傳統轉化成可以流傳嘅故事。打小人去鵝頸橋就見到，但係習俗背後嘅意義，要由敘事去賦予。今次嘅故事並非傳統故事換一段字，而係將看似落後嘅習俗，用守護嘅角度去詮釋。犀利之處係天馬行空得嚟，用嘅元素係好在地嘅事物，唔會拉到 M 78 星雲咁遠。香港本來就係多種傳統不斷磨合嘅地方，撞出嚟嘅成品就好似鴛鴦咁，非茶非啡、亦茶亦啡，係嗒得出深度嘅文化。香港文化應該係不假外求嘅，好應該諗吓點樣將傳統化成故事，加以流傳，成為大眾認知嘅一部分。

香港長大嘅人，好少喺故事書睇得到自己嘅生活。細個陪伴我哋成長嘅童話故事係咩樣嘅呢？數嚟數去，好多都係歐洲故事。舊啲嘅有伊索寓言、格林童話、安徒生童話；新一代嘅可能係冰天雪地嘅公主、住晒成個山頭嘅粉紅色豬仔。除咗入迪士尼之外，我有幾何見到城堡？故事入面嘅生活環境、起居習慣、思考方式，同我哋隔咗好遠。就算亞洲都開始流行繪本，日本、韓國、台灣嘅作品近極香港，都係就住佢哋嘅社會去寫。香港人嘅出品，不論係香港在地定係移民群體，都仲係好唔夠。今次就填補咗呢種香港出版嘅缺口。

故事除咗要結合文化，要有香港社會元素之外，呈現嘅語言都要考慮。香港係最唔缺圖書嘅地方，但都係以標準英文同中文書面語為主。講香港嘅事物，行文如果嚴格跟足書面語，讀出嚟又點會好聽呢？兒童故事本來就係口語嘅文體，就算再反對粵語書寫嘅朋友，都不妨諗下點樣喺文本上加入粵語嘅元素。《橋底老虎》除咗用粵文書寫外，仲喺底下加入粵拼添。對海外嘅港裔、粵裔小朋友，粵拼係最好嘅識字輔助，等佢哋可以完全透過粵語，就能理解中文。

無論語言定文化，傳承都係要用行動去實踐嘅。希望廣大嘅創作者寫多啲嘢畀粵語細蚊仔睇，用熟悉嘅語言去延續、推廣香港文化。

作者｜趙婉慧

出生於香港，在香港成長。現與丈夫、女兒、兩隻貓、
三隻雞居於愛爾蘭鄉郊。

繪者｜黃慧彤

居於台北的香港小畫家。童心未泯，寫畫塗抹讓作品
活起來，深信「想像力」可以改變一切。

橋底老虎

作者｜趙婉慧
繪者｜黃慧彤
責任編輯｜吳凱霖
執行編輯｜謝傲霜
編輯｜陸悅
封面設計｜黃慧彤、Jo
內文排版｜Jo
出版｜希望學／希望製造有限公司
印製發行｜秀威資訊科技股份有限公司
總經銷｜聯合發行

希望學

社長｜吳凱霖
總編輯｜謝傲霜
地址｜臺北市大同區民生西路 404 號 2 樓
電話｜02-2546 5557
電子信箱｜hopology@hopelab.co
Facebook｜www.facebook.com/hopology.hk
Instagram｜@hopology.hk

出版日期｜2024 年 3 月
版次｜第一版
定價｜380 新台幣
ISBN｜978-626-98257-1-4

國家圖書館出版品預行編目 (CIP) 資料

橋底老虎 / 趙婉慧作；黃慧彤繪 . -- 第一版 . -- 臺北市：希望學，希望製造有限公司，
2024.03　面；　公分
ISBN 978-626-98257-1-4(精裝)
1.CST: 民俗 2.CST: 俗民文化 3.CST: 繪本 4.CST: 香港特別行政區
538.8238　　　　113002850